DE LA
LANGUE CHINOISE,
MORCEAU EXTRAIT DE L'ALLEMAND, DU MITHRIDATES D'ADELUNG.

Par J. D. Lanjuinais.

A PARIS.

DE L'IMPRIMERIE BIBLIOGRAPHIQUE, RUE GIT-LE-CŒUR.

1807.

Extrait du *Magasin Encylopédique*, numéro de Juin 1807, Journal pour lequel on s'abonne à l'IMPRIMERIE BIBLIOGRAPHIQUE, rue Gît-le-Cœur, n.° 7.

DE LA
LANGUE CHINOISE,
MORCEAU EXTRAIT DE L'ALLEMAND, DU MITHRIDATES D'ADELUNG.

Par J. D. Lanjuinais.

On a vu, dans le Magasin Encyclopédique, juin 1807, une notice générale du *Mithridates*. Le morceau qui suit est moins un extrait qu'une traduction un peu libre de l'une des parties les plus soignées de cet important ouvrage. On la donne ici pour faire connoître, par un exemple de choix, la méthode et la manière de l'auteur, en même temps pour offrir en quelques pages un précis de ce qu'on sait en Europe, et de ce qu'on y a pensé de plus remarquable sur un sujet très-intéressant, difficile, peu familier, même à la plupart des savans.

§. Ier. *Observations préliminaires sur les langues monosyllabiques.*

Les langues monosyllabiques règnent dans le sud-est de l'Asie. Elles occupent la Chine, le Tibet, les contrées au nord de l'Inde, l'empire des Birmans, les pays du Pegou, de Siam, du Tonquin, de la Cochinchine, de Camboye et de Laos, c'est-à-dire la huitième partie de l'Asie. Là, dans un espace de 13c milles quarrés, 150 à 180 millions d'hommes bégaient encore le langage informe de l'enfance du genre humain. Il est surprenant que les missionnaires de Pékin nous présentent la Chine comme l'*unique* (1) région dont la langue soit monosyllabique, tandis qu'à côté des Chinois, tant d'autres peuples ont le même désavantage.

Ces nations, à proprement parler, n'ont pas de mots, mais de l'étoffe dont elles pourroient en faire, de rudes sons radicaux, qui suffisent pour les notions principales, et pour les nuances les plus saillantes, mais qui ne peuvent exprimer ni les modifications, ni les idées accessoires d'un ordre secondaire.

Co, par exemple, est pour les Chinois ce qu'est pour les Allemands le radical *hab*; il rend l'idée vague de possession, d'appartenance. Mais les Chinois n'ont, pour toutes les nuances de cette idée que le terme stérile et invariable *co*; au contraire, avec *hab*, les Allemands ont fait d'autres mots plus déterminés en grand nombre, *haben* avoir; *ich habe*, j'ai; *du hast*, tu as; *wir haben*, nous avons; *ich hatte*, j'avois; *habend*, ayant; *die habe*, l'avoir, etc., etc., etc.

Les peuples à langues monosyllabiques, usant de chaque son radical, sans jamais y rien changer, ne peuvent que péniblement et bien imparfaitement exprimer la plupart des idées, qui ne sont que des variations, des accessoires du sens primitif.

De là, ce langage si pauvre, qui manque de termes, pour distinguer ce qu'il est le plus

(1) *Voy*. Mémoires concernant les Chinois, tom. VIII, p. 144 et 156. (*Note du trad.*)

nécessaire de ne pas confondre, qui, dans le cours de la vie civile, ouvre un vaste champ à l'équivoque et aux obscurités; qui, en matière de sciences, instrument ingrat et désespérant, ne fait que multiplier et consolider l'erreur, perpétuer l'enfance de la raison (2). Tant que les Chinois, par exemple, resteront bornés à leur langue, telle qu'elle est, il leur sera toujours impossible de parvenir à naturaliser chez eux les sciences, et même les arts de l'Europe.

Pour atteindre ce noble but, les voies leur sont ouvertes, à eux, et à tous leurs voisins, qui ne savent proférer que des monosyllabes; c'est d'enrichir leurs langues par l'inflexion, la dérivation et la composition : qu'ils osent l'entreprendre, et que ce soit avec discernement.

Chez les Birmans, *to* désigne le pluriel; et *i* tient lieu de génitif, comme en latin et en tatare *mantchou*; ils disent donc *sa ken*, (seigneur); *sa ken i*, (du seigneur); *sa ken to*, (les seigneurs); qu'ils osent unir leurs signes, dire, écrire, *saken*, *sakeni*, *sakento*, etc.; ils auront alors des déclinaisons et les avantages qui en résultent.

Mais leur systême de prononciation modulé par des tons propres, retient, hors de la bonne voie, les peuples à langues monosyllabiques. Les syllabes ajoutées aux termes principaux, dans les mots déclinés ou dérivés, ne pourroient chez eux conserver leurs tons actuels; ou bien les termes prin-

(2) Les Japonois appellent le chinois la *langue de confusion*. *Ibid.*, tom. VII, p. 10. (*Note du trad.*)

cipaux perdroient leur ton et par-là leur valeur, car chaque mot a divers sens que les tons différencient; supprimer les tons, ce seroit ajouter à l'obscurité de la langue, et en renverser tout le système.

Cependant tous les autres peuples, même les plus grossiers, ont su vaincre ces obstacles; c'est ainsi qu'ils ont obtenu la clarté et l'harmonie. On peut s'étonner que tant de nations, qui bien anciennement ont porté leur langue à un certain degré de culture, aient toujours conservé sa pauvreté monosyllabique. Il faut en accuser, non pas seulement la puissance de l'habitude, si forte en ces climats brûlans où l'inaction du corps et de l'esprit est la prérogative spéciale des dieux et des souverains, mais encore cet isolement extrême où sont retenus la Chine et les pays voisins, d'un côté par l'océan, et de l'autre par d'énormes chaînes de montagnes. C'est cet isolement surtout qui a empêché toute innovation dans ces contrées; comme la même cause a empêché qu'elles changeassent d'habitans, et nous y fait retrouver encore aujourd'hui la descendance directe des premières peuplades qui s'y sont établies dans l'enfance du monde.

Leurs enfans émigrés, et devenus barbares dans les rudes et vastes plaines du milieu de l'Asie, revinrent dans la suite influer par la conquête sur ces peuples méridionaux; mais il avoit fallu des siècles pour que ces émigrés se multipliassent dans leurs énormes déserts; ainsi leurs influences furent d'abord foibles, et laissèrent aux peuples dont les langues étoient monosyllabiques, le temps d'avancer paisiblement en population et en civilisation. Lorsque les barbares, dont le langage étoit devenu polysyllabique, franchirent les puissans remparts qu'avoit élevés la nature, leurs irruptions ne purent détruire des langues et des mœurs fortement enracinées dans des contrées dont la vaste étendue et la nombreuse population rendoient plus foible l'influence de ces nouvelles peuplades Devant les millions d'habitans de la Chine et du Tibet, les conquérans, quoique nombreux, se trouvèrent encore foibles; et lorsque les peuples attaqués, vaincus d'avance par leur propre mollesse, durent céder à la force de leurs sauvages aggresseurs, ils purent maintenir du moins leurs langues, leurs institutions et leurs usages.

On ne dira pas cependant que les langues monosyllabiques soient restées précisément aussi pauvres qu'elles le furent vers l'origine de l'espèce humaine. Il est assez prouvé par la différence entre ces langues et leurs dialectes, qu'il n'y a pas de langage si borné qu'on le suppose, qui ne soit encore sujet à différentes altérations.

Le temps et d'autres circonstances ont aussi opéré sur les tons et sur le sens des mots, mais les formes et tout l'édifice de la langue sont encore ici, comme on conçoit qu'ils ont dû être dans la première enfance de la raison.

La table suivante peut servir à comparer le fond des langages monosyllabiques.

	Chinois.	Tibetan.	Tonquinois.	Birmanique.	Pegouan.	Siamois.
Visage.	Mien. la.	Tong.	Mat.	Mien.		
Yeux. (les)	Yen.	Tschien.	Com-mat.	Miezz-i.	Mech - loun.	
Terre.	Tou.	Sa.	Dat. dia.	Mié.		Din.
Feu.	Ke-koua.	Me.	Loua.	Mi.		
Poisson.	You.	Gnia.	Ca.	Nga.		
Pied.	Ca. sou.	Canh.	Chan.	Kié.	Keh.	
Main.	Tscho.	Tschia. la.	Tai.	Lek.	Leh.	
Cœur.	Seng. sin.	Sem.	Lao.	Zeit.		Tschaï.
Ciel.	Tien. li.	Nam. kai.	Thien. bloi.	Mo.	Kaoun - gen.	Sa - vang.
Tête.	Chin.	Kam. go.	Daou.	Gaoun.	Gaou.	
Homme.	Po. loung	Po.	Nam.	Bou.		Pou. kon.
Mère.	Mou.	Ma. youm.	Mou.	Amé.		
Nez.	Ni. pi.		Moui.	Nahh - aoun.	Nag-aou.	
Etoile.	King-seng.		Ngoi-sao.	Chié.	Tara.	
Rue, chemin	Lou-tou.	Lam.	Dang.	Lan.		
Jour.	Je. chil.	Tzhe. kji	Ngai.	Ne		Van.
Père.	Pe. fou. chou.	Pa. jap.	Cha. tscha.	Apa.		
Oiseau.	Miao.	Pzià.	Tschim.	Ngek.		
Eau.	Tscho. chiou.	Tschiou.	Nou-di.	Re.		
Vent.	Hong.		Chio.	Le.		
Dent.	Ki-ya.		Rang.	Soa.	Zhoua.	
Langue.	Che.	Ngà. na.	Louoi.	Hlia.	Scha.	

Les peuples dont il est ici question, ont un caractère qu'il convient de remarquer, et qu'ils doivent en partie à la douceur de leur climat, et en partie à leur nombreuse population; circonstance qui contribue puissamment à émousser et à adoucir les formes dures et raboteuses, s'il est permis de parler ainsi, des peuples barbares. Ils sont doux et flexibles à tout; ils ont dans l'esprit un certain degré de médiocre culture qui, dans les sciences et les arts, consiste plus en talens mécaniques, en recettes et formules, qu'en génie et en principes.

Mesurés en tout et circonspects, au point de choquer les hommes d'un caractère vif, ils poussent la politesse et le cérémonial jusqu'à la pédanterie (3); et quelque pauvre que soit leur langue à tout autre égard, ils l'ont rendue assez riche pour exprimer avec scrupule toutes les nuances de considération qu'ils ont imaginées.

Comme tous les hommes demi-civilisés, ils se montrent cupides, soupçonneux et trompeurs

(3) En ce genre, il n'est rien de plus remarquable que l'étiquette de la cour du roi de Candy, où, si l'on parle, c'est à genou, comme l'homme coupable demandant pardon à son créateur offensé; où, si l'on marche, c'est à quatre pieds, comme le bétail; où, enfin, si l'on se tient en repos, c'est, le corps étendu à terre, à plat ventre, comme le chien devant son maître. (*Voy.* dans les *Miscellaneous Works*, de H. Boyd, in-8°. London, 1800, le récit de son ambassade auprès du roi de Candy; et dans l'*Annual asiatik Register*, in-8°., année 1803, la Notice sur l'île de Ceylan.) Les formes grammaticales, en ce pays, sont assez dignes de ces postures, et peignent aussi-bien qu'en aucun lieu du monde, certains degrés d'élévation et d'infériorité, ou, si l'on veut, d'orgueil et de bassesse. Néanmoins la langue y est polysyllabique. *Voy.* ces formes, dans le *Mithridates* d'Adelung, t. 1, p. 235 et 237. (*Note du trad.*)

envers les étrangers, cruels et inhumains dans leurs guerres et leurs vengeances.

Ils ont en général plus ou moins la laideur caractéristique des Tatares Mongols, figure applatie, petits yeux, regard oblique, et nez camus. On croiroit d'abord que cette physionomie a des rapports secrets avec les langues monosyllabiques. On se tromperoit; car elle est commune aux Japonois, dont la langue est polysyllabique. Cette forme est indubitablement indigène chez les Mongols : aucune ne se communique plus aisément, et ne se conserve plus constamment chez un peuple, quand une fois elle s'y est introduite. Les peuples dont nous parlons, plusieurs fois conquis par les Mongols, ne doivent donc cette figure qu'à leur mêlange avec cette nation (4).

Chez les Indiens les plus septentrionaux, elle n'est ni si générale, ni si fortement dessinée, sans doute parce que chez eux les Mongols ont eu moins d'influence, ou n'en ont eu que médiatement et seulement par le moyen des Chinois, souvent conquérans et dominateurs dans le nord de l'Inde.

Nous parlerons de la manière dont les Européens doivent écrire et traduire les langues monosyllabiques, parce qu'il est aisé de s'y méprendre.

Souvent on nous offre des mots de plusieurs syllabes, sur-tout lorsqu'il s'agit de représenter

(4) Mais comment les Mongols, que l'auteur fait descendre des enfans émigrés des peuples à langues monosyllabiques, ont-ils acquis cette figure qui les caractérise? *Voy*. le livre de Blumenbach, *De varietate generis humani*. (Note du trad.)

un objet dont nous avons appris à concevoir l'idée comme simple. C'est altérer tout le système de ces langues. Il est vrai, par exemple, que selon notre usage, les mots Chinois *ngo tem* (*je autre*) veulent dire seulement *nous;* mais il ne faut pas oublier qu'en Chinois chaque mot a un ton qui lui est propre, et qui se perdroit en faisant de plusieurs mots un seul : il faut donc se garder d'unir les monosyllabes.

La faute est plus grave, s'il arrive d'unir des mots qui devroient être séparés même dans une une langue monosyllabique. Exemple : dans une version du *pater* en pegouan, on a écrit *mokaon* pour *mo kaon* (ciel concave); c'est confondre en un seul mot l'abjectif et le substantif.

Mais il n'y a point d'inconvénient à rapprocher par un trait d'union des mots qui n'en feroient qu'un dans nos langues d'Europe; c'est concilier avec la clarté du discours l'usage des langues monosyllabiques. Dans ces langues tous les mots ne sont que des radicaux, isolés et indéterminés, sans déclinaison, conjugaison ni dérivation; il faut donc éviter de les joindre, si l'on veut, soit écrire, soit traduire littéralement. *Moi beaucoup honneur ciel terre vrai maître,* voilà les premiers mots du *pater* en tonquinois littéralement bien traduits. Pour saisir le sens, les Européens doivent un peu aider à la lettre, et expliquer l'obscurité des monosyllabes par des expressions plus formées.

Avec ces précautions, on trouvera encore assez

d'embarras, provenant de ce qu'on ignore le sens juste de divers petits mots destinés à déterminer les rapports des parties du discours, et de ce qu'on n'est pas familier avec certains idiotismes fort singuliers.

§. II. *De l'histoire ancienne des Chinois.*

La Chine, deux fois peut-être aussi grande que toute l'Allemagne, et aussi peuplée que toute l'Europe (5), étoit connue dans le moyen âge quant à sa partie septentrionale sous le nom de *Cathai.*

Elle se vante d'avoir l'histoire la plus ancienne; celle qu'a traduite Moyriac de Mailla, et que M. l'abbé Grosier a publiée à Paris en 1777, en 12 vol. in-4.°, commence à Fo-hi, deux cents ans après le déluge de Moïse. C'est alors que Fo-hi dût gouverner les petites hordes entre lesquelles étoit partagé ce grand pays, et qu'il dût les réunir en un seul corps de nation.

Mais, quoique les missionnaires d'Europe aient admis ces idées, une saine critique les repousse, et retranche de cette histoire, comme de celle des autres pays, beaucoup d'excroissances poétiques. On ne peut rien croire de ces rois qui ne font que prononcer de longs discours devant leurs ministres; inventer à volonté des sciences et des arts; commander à leurs épouses d'élever des vers à soies, et à leurs mathématiciens de créer

(5) Cette assertion paroît fort incertaine. Sur ce point, la variation est extrême entre les auteurs. Ce n'est pas ici le lieu de chercher à résoudre la question. (*Note du trad.*)

l'astronomie. Ce n'est que 207 ans avant J.-C. que l'histoire de la Chine présente des détails suivis, et prend un air de vraisemblance (6).

Citons un seul exemple. Cette grande muraille si fameuse (de 500 lieues de long), qui dût être élevée pour défendre les Chinois contre les irruptions des Barbares de la haute Asie, et qui ne les en a point préservés, fut bâtie, selon l'histoire Chinoise (répétée par nos plus savans Européens), vers 240 ans avant J.-C. Un si prodigieux édifice, unique dans son espèce, devroit avoir été connu des anciens. Mais on n'en trouve nulle trace (*dans notre ancienne littérature, soit asiatique, soit européenne*). Ptolémée, qui nous décrit la route d'une caravane au pays des Sérès, ne dit rien de la grande muraille. Ammien Marcellin sembleroit d'abord y faire allusion dans ce texte, liv. 23, chap. 6. *Contrà orientalem plagam in orbis speciem consertae celsorum aggerum summitates ambiunt Seras.* Mais il ajoute : *Appellantur autem iidem montes Annivi*; on reconnoît aussitôt qu'il n'a entendu parler que de montagnes, et que

(6) *Voy.* de GUIGNES, dans les Mém. de l'Ac. des Inscript., t. XXXVI, p. 42 et 43, (et dans son édition du Chou-King.) Il faut avouer que sa critique est encore bien adoucie. Il ne rejette que ce qui est impossible. Franchement pour un étranger, dans un si grand éloignement des objets dont il traite, dans la disette de tous les secours nécessaires, la critique est bien difficile; et l'on doit encore moins en attendre des savans du pays. Mais quand de Guignes veut faire des Chinois une colonie sortie d'AEgypte, 1122 avant J. C., il ne peut plus lui-même soutenir l'épreuve de la critique historique. (Note d'Adelung. Voy. *Mém. conc. les Chinois*, t. IX, p. 336 et suiv.)

l'équivoque ne vient ici que d'une certaine enflure de style. Les Arabes, qui visitèrent la Chine vers l'an 850, et dont Renaudot a publié la relation, ne parlent point de cette muraille; on peut répondre qu'ils n'allèrent pas dans les lieux où elle est bâtie. Mais le célèbre Marco Polo n'en dit rien, lui qui, en 1270, dût la traverser, parcourant le nord de la Chine, lui qui demeura trois années au service du Khan des Mongols (7), lui qui s'est plu à raconter de ce pays tant de choses merveilleuses. La haute antiquité de la grande muraille devient d'autant plus suspecte, que sa construction même décèle une origine beaucoup plus moderne (8).

Sur l'antiquité des Chinois et sur le haut degré de civilisation qu'on leur accorde si libéralement, il y a, de l'avis des connoisseurs impartiaux de ces derniers temps, beaucoup à rabattre, si même il en reste quelque chose; et ce qui peut en demeurer, se borne à beaucoup de

(7) C'est trop peu dire. Marco Polo eut, pendant 17 ans, la confiance du Khan des Mongols, qui, dans cet intervalle, fut tout à la fois Grand-Khan, sous le nom de *Koublai*, et Empereur de la Chine, sous le nom de *Chi-Tsou*. Ce prince employa Marco Polo à la conduite des affaires les plus délicates et des négociations les plus importantes. Voy. *Mém. conc. les Chinois*, t. v, p. 8. (*Note du trad.*)

(8) Le savant P. Paulin de Saint-Barthelemi, fixe au 14e. siècle de l'ère chrétienne, la construction de la grande muraille des Chinois: *Sæculo decimo quarto exeunte conditus magnus Sinensium murus*. Voy. *Jornandis vindiciæ de var hunnorum, auctore P. Paulino, etc.* Romæ, 1800, 4°., p. 7. (Note du trad.)

patience, à quelques difficultés vaincues, et à l'acquisition de quelques talens mécaniques (9).

Les Arabes de Renaudot n'ont trouvé rien de savant chez les Chinois, et les mettent fort au-dessous des Hindous pour l'astronomie (10).

Il fallut à *Koublai-Khan*, premier empereur de la Chine de la race des Mongols (vers 1280), faire venir des astronomes de Balkh, parce que les Chinois ne pouvoient dresser le calendrier. Leur incapacité dans l'astronomie et les mathématiques, a seule fait admettre et maintenir en Chine les Jésuites. Ce *Tribunal des mathématiques* trop vanté, n'est qu'un corps de pitoyables astrologues, tels qu'en ont à leurs cours les princes de l'orient. Le sage Confucius n'étoit lui-même qu'un astrologue, et sa morale présentée comme si étonnante, n'est autre chose que des sentences détachées, comme en peut composer un homme sans étude, pourvu d'une raison saine.

L'une des plus fortes objections contre la haute antiquité des productions littéraires de la Chine, est le défaut d'anciens monumens, et la grande fragilité du papier à écrire des Chinois. Une inscription sur une colonne de métal, que du Halde place généreusement en l'an 50 de J.-C., est

(9) Voy. la *Numismatique chinoise*, par le D. Hager. Paris, 1805, in-4o. (*Note du trad.*)

(10) Il semble qu'Adelung, sur l'antiquité et la chronologie chinoises, auroit dû renvoyer au savant Freret. Nul autre, en Europe, n'a répandu sur ce beau sujet autant de lumières (*Note du trad.*)

l'unique(11) ancien monument que possède ce vaste empire, si renommé pour son antique civilisation. Quant au papier Chinois, c'est de toutes les espèces de papier la plus promptement détruite par l'humidité, les vers et la poussière. Combien de fois auroit-il fallu copier et recopier les écrits Chinois depuis deux à trois mille ans, si l'on fait remonter aussi haut leur origine ? Et qui auroit fait toutes ces copies successives ? Des hommes ignorans et sans critique, comme sont les prétendus savans Chinois. Jugez maintenant s'il y a de la vraisemblance à soutenir l'ancienneté de ces écrits, et la fidélité des canaux par lesquels ils nous seroient parvenus.

Mais s'il est permis de douter de la grande antiquité des Chinois et du haut degré de leur ancienne civilisation, il n'en est pas de même pour l'antiquité de leur langue. Qu'on rapproche tant qu'on le voudra l'époque de leur origine, leur pays fut l'un des premiers habités de la terre, et leur langue provient immédiatement de la langue primitive. Malgré leurs révolutions au dedans, malgré les changemens de dynastie opérés par des conquérans barbares, les Chinois ont su conserver leur langue et leurs mœurs.

(11) Cette assertion ne seroit-elle point hasardée? Voyez *Monument de l'Empereur Yu*, ou *la plus ancienne inscription de la Chine*, par le D. Hager. Paris, an x, grand in-fol. *Yu*, premier roi de la première des vingt-deux dynasties chinoises, vivoit dans le 22e. siècle, avant J. C. Voy. *Art de vérifier les Dates*, t. II, p. 241. *Mém. concernant les Chinois*, t. II, p. 249, 556 et suiv.

On voudroit savoir si la figure mongole est générale dans toute la Chine, ou propre à certaines familles septentrionales ; si c'est la figure chinoise des plus anciens temps, ou si elle est survenue par le mélange des races, de 1210 à 1568. Au premier cas, les Chinois sont originaires mongols, mais leur langue n'offre aucun vestige de cette descendance. La seconde hypothèse est donc la plus vraisemblable. D'après les voyageurs Arabes déja cités, les Chinois, au neuvième siècle, étoient plus beaux que les Hindous; on assure qu'ils ressembloient aux Arabes par leur air, leurs vêtemens, leurs habitudes morales. Cela n'auroit pu être, si les Chinois avoient toujours eu cette laideur mongole; elle est donc d'une date plus récente. Les lois de Menou, réputées plus anciennes que les Kings de la Chine, paroissent toucher de bien près à la vérité, quand elles assurent que les Chinois, dans le principe, furent des émigrés de l'Indostan, sur-tout si l'on étend ce nom au Tibet, comme il arrive souvent. Les Chinois sont maintenant, il est vrai, les plus orientaux des peuples à langues monosyllabiques, et conséquemment les plus éloignés du sol qui fut le berceau de l'espèce humaine. Mais si l'on présume (et d'après le défaut de monumens que pourroit-on de plus?) que par l'accroissement et les progrès du genre humain, les plus nouvelles familles ont repoussé de proche en proche les anciennes, jusqu'à ce que de fortes barrières naturelles, comme ici l'Océan, aient arrêté leur marche, alors les Chinois paroissent les descendans les plus immédiats de la plus ancienne famille des hommes.

§. III. *De la langue Chinoise.*

L'examen de cette langue conduit au même résultat; c'est la plus simple des langues monosyllabiques; c'est donc la moins éloignée de l'idiôme primitif. Ce n'est plus, il est vrai, un langage composé seulement de sons voyelles : il ne reste de ces premiers essais informes du langage, que quelques mots conservés dans les divers idiômes; mais à cela près, la langue chinoise se caractérise par le plus haut degré possible de simplicité; et c'est ce qui m'engage à lui assigner le premier rang.

Ses monosyllabes consistent, en général, chacun dans une voyelle précédée d'une seule consonne.

Les deux ou trois voyelles, que nous autres Européens employons dans notre écriture pour peindre beaucoup de mots Chinois, n'empêchent pas qu'on ne doive considérer ces mots comme de purs monosyllabes. Il faut en dire autant de cette addition, *n* ou *ng*, qu'on trouve en d'autres mots. Les voyelles accumulées ne font que rendre, comme on le peut en Europe, de vrais monosyllabes Chinois d'une valeur obscure; elles n'appartiennent qu'à notre alphabet. Ce que nous écrivons *liao, siao, kioun*, est adouci et simplifié dans la prononciation Chinoise, à-peu-près comme s'il y avoit *lo, so, kjoun*. Quant au son nasal, c'est un vrai complément de la syllabe, un accident de l'instrument vocal. Ainsi, *kjoun, kjang, ljoung, nge, ngo*, sont de simples monosyllabes.

La langue mandarine, et même en général les dialectes Chinois, n'ont point les articulations *b, d, r, x, z;* celles-ci, *p, t, b, s,* leur en tiennent lieu.

Les Chinois ne savent pas faire entendre deux consonnes qui se suivroient immédiatement. Leurs articulations, que nous rendons multiples en les écrivant par *ps* et par *tsch,* sont simples dans leur bouche. Voici une conséquence bien remarquable de ce fait. Si dans un idiôme étranger, ils rencontrent plusieurs consonnes de suite, ils altèrent le mot, ils le rendent méconnoissable, en séparant chaque consonne de la suivante par une voyelle. Ils n'ont que ce moyen pour faire entendre nos consonnes redoublées. *Crux,* pour un Chinois, fait *coulou-sou; christus* est *chi-li-si-tou-sou*; *gratia* est *gue-la-tsi-ia, spiritus, sou-pi-li-tou-sou*, etc.

Les Chinois ont maintenant 328 radicaux, ou selon d'autres, 350. Bayer et Fourmont, le P. le Comte et Thomas Hyde, en ont publié des listes en caractères d'Europe; les deux premiers, d'après la prononciation portugaise; le Comte, d'après la prononciation française, et Hyde, d'après l'anglaise.

Pour multiplier ces radicaux, les Chinois n'ont que la méthode d'en varier le ton, l'accent; méthode digne de l'enfance de l'esprit humain.

Mais il y a pour chaque radical, cinq tons

principaux : le *premier*, simple ou naturel; le *second*, que je voudrois caractériser en l'appelant creux, bas, profond; le *troisième*, qui commence haut, et finit en s'abbaissant, comme *non* prononcé dans la colère; le *quatrième*, qui va en s'élevant comme un cri d'admiration; et le dernier, qui est bref et interrompu, comme un cri de peur.

Outre ces tons, il y en a d'autres réservés, apparemment pour des cas particuliers; quelques-uns en comptent huit en tout, d'autres onze ou même treize, qui la plupart échappent à l'oreille comme à l'instrument vocal del'étranger, et qui pourtant varient le sens du mot.

Ainsi, *chou*, selon les divers tons dont il est prononcé, peut signifier un livre, un arbre, grande chaleur, raconter, aurore, mouvoir, pleuvoir, douceur, avoir coutume, perdre une gageure, etc. De même *tchoun*, répond à maître, cochon, cuisine, colonne, libéral, préparer, vieille femme, rompre ou fendre, favorable, peu. humecter, esclave, prisonnier, etc.

Chacune de ces significations a le sens propre et le sens figuré. Il y a donc bien des mots susceptibles de cinquante significations différentes, que la modulation la plus fine, celle d'un Chinois lui-même ne sauroit distinguer par autant de tons variés; alors, pour se faire entendre, on emploie des mots additionnels; veut-on employer, par exemple, le mot *fouh*, au sens de père? On le fait suivre du mot *tschin* ou *djin*, prononcé comme pour signifier homme ou parenté; de même pour mère, il faut dire *mou tschin* : c'est peut-être de cette manière qu'en d'autres langues, on a fait les mots de deux syllabes, *pater* et *mater* par exemple.

Au moyen des principaux tons seulement, les trois cent vingt-huit radicaux donnent seize cent vingt-cinq mots différens; et l'usage de l'aspiration les porte à trois mille deux cent cinquante, tout au plus à sept mille sept cents, que l'oreille des Chinois, singulièrement délicate, exercée dès l'enfance aux plus fines distinctions, parvient à distinguer sans aucune confusion.

Il ne faut pas croire que ces tons fassent un chant; le Chinois, en les employant, ne chante pas plus que le Français, par exemple, lorsque par une prononciation très-exacte, il fait distinguer, à l'oreille, certains mots homonymes, comme *l'eau*, *lots*, *l'os*.

Les trois cent vingt-huit radicaux ainsi diversifiés par le ton et l'aspiration sont tout le fond de la langue Chinoise; c'est avec cela qu'il lui faut se tourmenter d'une manière fort étrange, pour rendre le sens abstrait, le sens concret, tous les sens figurés.

Cette langue ne distingue pas ce que nous appelons les parties d'oraison; chaque mot y fait fonction de substantif, d'adjectif, de verbe, etc. La dérivation et l'inflexion en sont bannies, conséquemment aussi la déclinaison et la conjugaison.

Dans les grandes difficultés, elle a recours à la périphrase.

Ti ou *tié*, mis après le nom, lui tiennnent lieu de génitif; *you* de datif singulier et pluriel; et *toung* ou *tsoung* d'ablatif; exemple, *gueh*, *amor*; *gueh-ti*, *amoris*; *you gueh*, *amori*; *toung* ou *tsoung gueh*, *amore*.

Le pluriel s'exprime, 1°. par des mots collectifs: exemple, *tou tschin* (ou *djin*), plusieurs hommes; *tschoung tschin*, tous les hommes; 2°. par ces mots, *tem* autre; *poi* ou *men*, beaucoup, plusieurs; exemple, *ngo tem* (moi autre) ou *ngo poi*, ou *ngo men* (moi beaucoup), c'est-à-dire, nous; 3.° par la réduplication du nom; exemple: *djin djin*, (homme homme), les hommes; *tou tou tschin*, une multitude d'hommes.

L'adjectif précède le substantif; on le reconnoît à ce caractère, exemple, *chaou djin*, bon homme; *pai mah*, blanc, cheval.

Le mot qui tient lieu de génitif, forme des adjectifs, lorsqu'il est précédé du nom abstrait; exemple: *pai tié*, blanc; *tsché tié*, chaud: *keng*, avant l'adjectif positif, signifie plus; exemple, *keng yiou*, plus doux.

Le superlatif s'exprime en répétant le positif, ou par quelque mot qui tantôt le suit, et tantôt le précède.

Les pronoms personnels sont: *ngo* ou *go* moi; *nih* toi; *ta* il; *nih tem* (toi autre) vous; *ta poi* ou *ta men* (lui plusieurs), eux ou elles, etc.

Les pronoms possessifs se forment en joignant

aux pronoms personnels le signe du génitif. Exemple, *ngo tie* (de moi) mon, mien; *ngo men tié* (de moi plusieurs) de nous, notre.

Les verbes n'ont que trois temps; le présent s'exprime par le radical faisant fonction de verbe; le préterit en ajoutant *lio;* le futur en ajoutant *yah*, qui se met devant le verbe. Exemple, *ngo leh lio,* je suis venu; *ngo yah leh*, je viendrai. Dans le style familier, on dit avec plus de précision, *ngo youen y leh,* j'ai résolu de venir. Mais tant de clarté siéroit mal au style noble des Chinois.

Au reste, il règne toujours beaucoup d'obscurité dans le langage des Chinois, et cela doit être ainsi par le défaut d'articles, de beaucoup de conjonctions, et d'autres expressions qui fixeroient le sens. Un texte Chinois n'est qu'un assemblage énigmatique de sons rocailleux, de mots sans liaisons, sans modifications, sans désignations d'idées accessoires. On en jugera par ces traductions littérales : *Anglais bon, Chinois meilleur, mer nulles bornes.* La connexion des idées, l'ordre dans l'arrangement des mots, le geste, les périphrases expliquent bien des choses, mais en laissent encore beaucoup à deviner.

C'est sur-tout dans la poésie que cette obscurité est sensible. Ce qui suit est le sens littéral d'une ode du *Chi King,* insérée dans le Voyage en Chine par Barrow : *pêcher beau, agréable, son feuillage fleuri, charmant; ainsi, épouse qui entre, soin de sa famille.* Cette dernière phrase veut dire, qu'ainsi brille l'épouse quand elle entre dans la maison de son époux, quand elle s'occupe des soins domestiques. Une telle pauvreté rendroit cette langue extrêmement facile à apprendre, si la variété minutieuse des sons et des accens, n'en faisoit la plus difficile de toutes pour un étranger.

Dans les *Mémoires concernant les Chinois*, par les missionnaires de Pékin, Paris, 1776, et années suivantes, t. 8, p. 133, on trouve un *Essai sur la langue des Chinois*. C'est un éloge si exagéré, qu'on pourroit le prendre pour une ironie. Il faut bien de la bonhommie dans un lecteur instruit, pour ne pas rire quand on veut lui persuader que de toutes les langues du monde, les Chinois ont la plus riche, la plus harmonieuse, la plus parfaite. Quant à sa richesse, il est vrai que cette langue est verbeuse; elle exprime péniblement en trois, quatre mots et davantage, ce que d'autres énoncent par un seul. Au lieu de *portabam illum*, je le portois, un Chinois doit dire: *ngo na chi kien tao ta.* Cette fausse abondance prouve la disette; cependant la langue Chinoise a le plus souvent du laconisme, mais qui dégénère en obscurité profonde. Les Chinois étudient beaucoup leurs Kings, autrement leurs anciens livres classiques, mais ils ne les comprennent guère; chacun les explique à sa guise. L'auteur de l'*Essai* déja cité, convient que le Chinois n'est pas propre à rendre les notions abstraites, qu'il est de nul usage en métaphysique; mais ce défaut, l'auteur ne manque pas de le présenter comme une perfection. Cette langue, dit-il légèrement, ne fut faite que pour les connoissances utiles.

§. IV. *De l'écriture Chinoise.*

L'écriture des Chinois, encore plus singulière que leur langue, est unique dans son espèce. Elle n'est ni littérale, ni syllabique, et ne consiste pas (*maintenant*) en hiéroglyphes, soit naturels, soit symboliques. Elle exprime chaque idée par un caractère spécial, et les caractères qu'elle emploie ne sont pas liés à la langue vocale. Elle parle aux yeux, et ses caractères sont comme nos chiffres numériques, que tous les peuples connoissent et que chacun exprime dans son idiôme. On peut donc lire l'écriture chinoise, autrement la traduire, sans savoir un mot de la langue chinoise. C'est pourtant cette langue qui a servi, en un certain sens, de modèle à l'écriture, comme on va le prouver.

Cinq ou six voyelles jouent les principaux rôles dans la langue parlée. De ces voyelles articulées diversement, selon la consonne qui les précède, on a fait les 328 ou 350 mots radicaux; de même, avec six lignes, ou droites ou diversement courbées, on a fait 214 caractères élémentaires appelés *clefs*, et les clefs servent à former tous les autres caractères qui ne vont pas à plus de 80,000 (12).

(12) Il est pourtant vrai que M. Fourmont en fit graver autrefois 117,000, en bois. Ils furent conservés long-temps au cabinet des manuscrits de la Bibliothèque, aujourd'hui impériale, à Paris, et sont maintenant déposés à l'Imprimerie impériale de la même ville, où je les ai vus; mais cette collection contient un grand nombre de caractères hors d'usage, ou non

On a ces clefs gravées dans le *Museum Sinicum* de Bayer, et mieux encore dans la *Grammatica Sinica* de Fourmont, et dans l'*Encyclopédie Elémentaire*, ou la *Bibliothèque des Amateurs*, Paris, 1767, t. 2, p. 625, 660. L'abbé Petiti, ex-Jésuite, auteur de ce dernier ouvrage, y expose l'histoire de l'écriture chinoise.

Si cette écriture étoit l'ouvrage systématique d'une ou de plusieurs personnes d'un bon esprit, les 214 clefs seroient les signes des 214 idées les plus essentielles; tous les autres caractères ne seroient que des combinaisons distinctes et bien classées des signes élémentaires. Point du tout; les caractères Chinois forment un amas confus, où les signes des objets les plus hétérogènes se trouvent mêlés, comme si les premiers inventeurs s'étoient dirigés dans leur travail par le pur caprice.

Ces caractères eurent d'abord quelque ressemblance avec les choses représentées; il subsiste encore des traces de cette ressemblance primitive; ils semblent donc avoir été le premier essai d'écriture, grossièrement exécuté, dans un temps où la civilisation étoit peu avancée, où l'on avoit peu, fort peu de besoins, conséquemment peu d'idées à peindre.

Rien ne prouve mieux la courte vue, la petitesse d'esprit, que de n'avoir jamais su, dans les temps postérieurs, abandonner tout-à-fait ces caractères dus à l'enfance nationale, de s'être

nécessaires, et qui n'appartiennent qu'à la paléographie, ou ne sont que de curiosité. (*Note du trad.*)

astreint à marcher toujours dans cette route incommode, la première ouverte; d'avoir, en un mot, péniblement et par des additions réitérées, par des combinaisons successives des clefs et de leurs parties, formé une si effrayante quantité de caractères, que pour les bien savoir, il faudroit plus que la vie entière, non-seulement d'un Chinois, mais d'un Leibnitz ou d'un Newton; et avec toute cette malheureuse richesse de signes, il est encore impossible aux Chinois d'exprimer, même imparfaitement, tout ce que les Européens, par environ vingt lettres, savent rendre avec tant d'exactitude et de rapidité.

Il faut au Chinois un caractère pour chaque idée; souvent un mot, à raison des différentes idées qu'il exprime, correspond à plus de 240 caractères. Il est assez singulier qu'avec cela, un grand nombre d'idées simples soient rendues par des signes très-composés.

Le nom qui signifie *nuit* est *ye*, mais le caractère qui exprime cette idée est composé des trois clefs qui expriment les idées, *ténèbres*, *couvrir* et *homme*, pour marquer les ténèbres qui couvrent l'homme. ou dans lesquelles l'homme se couvre; car on trouve dans l'écriture le même vice d'indétermination que dans la langue. Pour écrire le mot qui veut dire *se plaindre*, il faut la clef *chien* et la clef *voix*; pour le mot qui signifie Roi, il faut la clef *sceptre*, la clef *œil* et la clef *hauteur*. On conçoit assez combien tout cela décèle d'enfance et de pauvreté dans l'esprit. Eh bien! cette misérable écriture a trouvé en Europe, ainsi que la langue chinoise, des panégyristes. On vous dit que ce sont la langue et l'écriture universelle. Peut-on imaginer rien qui soit plus déraisonnable? Si la *pasilalie,* si la *pasigraphie* étoient possibles et utiles, on pourroit en inventer de moins vicieuses que ces pitoyables essais de l'enfance du genre humain (13). Chercher maintenant dans la Chine des modèles de langage et d'écriture, c'est dans l'âge de la virilité retourner en nourrice.

§. V. *Du défaut de culture de l'esprit qui caractérise les Chinois.*

Si jusqu'à présent les Chinois ont fait si peu de progrès dans les sciences, si par rapport à la culture de l'esprit ils semblent condamnés pour toujours à la nullité, ou du moins à une grande médiocrité, la cause en est surtout dans l'imperfection de leur langue, et dans l'excessive incommodité de leur écriture. Qui, pour apprendre un peu à lire et à écrire, consomme la moitié la plus active de sa vie, ne sera jamais qu'un grand enfant. Le nombre énorme des signes épuise les forces intellectuelles. Lorsqu'à trente ou quarante ans, par de longs et pénibles efforts, un Chinois parvient à savoir 10,000 caractères, il est pour son pays un savant distingué. Veut-il, dans l'âge mûr, appliquer son esprit à une science réelle? il le peut très-difficilement. Son jugement est devenu trop foible, parce qu'il n'a pas été exercé. Rien

(13) La pasigraphie de M. de Maymieu est sans doute beaucoup plus ingénieuse et plus satisfaisante. (*Note du trad.*)

n'est plus ordinaire, que de voir de ces hommes-là, demander aux Européens des moyens pour fortifier leur mémoire.

Ces examens dont on parle, et qu'il faut subir pour parvenir au mandarinat, c'est-à-dire pour être comme savant, admissible aux emplois publics, consistent à vérifier longuement et ennuieusement si le candidat est assez habile pour lire et écrire deux mille caractères; c'est tout ce qu'on exige. Ainsi les Chinois, qu'on appelle savans, peuvent lire et écrire autant qu'il le faut pour la grande nécessité, mais ne savent, à proprement parler, ni art ni science. Ajoutez à cela les obstacles qu'oppose à la culture de l'esprit leur langue informe en se refusant à exprimer les idées abstraites (*qui sont le commencement de toute science*). C'est une chose divertissante, a dit un de nos doctes écrivains d'Europe, que d'assister à une conversation scientifique entre deux Chinois. Ils disputent sans se comprendre; ils accumulent des synonymes qui les embrouillent de plus en plus; quand ils ont épuisé les termes de leur langue, ils appellent au secours leurs éventails, avec lesquels ils figurent des caractères en l'air, et dessinent l'image de ce qu'ils veulent exprimer; ils se séparent enfin tout aussi avancés qu'ils l'étoient en commençant la discussion.

§. VI. *Du kouan-hoa, ou de la langue des mandarins.*

Ces observations s'appliquent, à très-peu de

chose près, à l'écriture de cour, et à la langue des personnes distinguées, qui s'appèlle en Chine, *kouan-hoa*, et en Europe, la langue des mandarins, parce que c'est la langue usuelle des savans et des employés d'un ordre supérieur. C'est le dialecte de la province de *Kiang-nan*, où les anciens empereurs, originaires de Chine, avoient leur résidence. On le parle encore aujourd'hui dans cette province et dans les environs.

Lorsque les Mantchous, après avoir envahi la Chine, en établirent la capitale plus près des frontières, ils conservèrent entre eux la langue de leur pays; mais il retinrent pour toutes les affaires publiques, la langue de *Kiang-nan*, qui étoit celle de la cour, et qui l'est encore. De là, vient que, dans la moderne capitale, à Pékin, cette langue est parlée avec plus de correction et d'élégance, parmi les personnes des classes supérieures.

Le *Kouan-hoa*, et la langue des anciens livres de religion, ou des cinq *kings*, appelée spécialement *kou-ouan*, et même la langue commune des livres chinois, appelée *ouan-tschang*, sont réellement une seule et même langue. La différence entre elles, n'est que dans le style plus élevé, plus solemnel dans les *kings*, plus pur et plus élegant dans les livres, moins soignée, plus simple dans la conversation ordinaire.

§. VII. *Littérature de la langue chinoise.*

Bayer et Fourmont, dans leurs préfaces, l'un de son *Musœum sinicum*, l'autre de ses *Meditationes sinicæ*, ont esquissé le tableau historique de la littérature chinoise. M. de Murr, dans son histoire de Hao-Kjoh, publiée à Nuremberg, 1802, in-4.°; (préface, page 13 et suivantes, et page 622), a donné un catalogue des écrits qui appartiennent à cette littérature. On a dans l'*Asiat. Magaz.* de Klaproth, tome I, page 455, et tome II, page 193, un jugement sur la littérature chinoise ancienne, que cet auteur fait commencer bien légèrement à l'an 1200 avant J.-C.

J. Webs, historical essay endeavouring a probability that the language of China is the primitive language. London 1669, in-8°. Le chinois, suivant cet écrivain, n'est pas la langue primitive, mais c'est la langue qui en est la plus voisine. L'auteur fait valoir avec beaucoup de justesse, au soutien de son opinion, la nature et la simplicité de l'idiôme chinois, la haute antiquité et l'isolement du peuple qui le parle; je trouve que personne jusqu'ici n'avoit profité des observations développées dans cet ouvrage.

Lettre de Pékin (par le père Amiot), *sur le génie de la langue des Chinois, et sur la nature de leur écriture symbolique* (symbolique, cela n'est pas certain), *comparée avec celle des anciens Ægyptiens.* Bruxelles, 1773, in-4°., *ibidem*, 1782, in-8°. Cette lettre est traduite en anglois, dans les *Transactions philosophiques.* Grâces à tant de jésuites qui ont résidé en Chine, depuis un siècle et demi, nous ne manquons pas d'éloges de la langue Chinoise; mais des instructions solides sur cette langue, il est singulier que nous ne leur en devions presque aucune. Craignoient-ils qu'un exposé fidèle ne devint la censure de leurs louanges exagerées ? Dans la vérité, l'anglais Barrow, qui accompagna lord Macartney, dans son voyage en Chine, (*et qui nous a aussi donné la relation de ce voyage*), est l'Européen qui paroît avoir pénétré plus avant dans cette langue difficile.

Fr. Varo, Arte de la lingua mandarina; Kanton, 1703. Voyez *Geschichte des Hao Kjoh*, par M. de Murr, Préface, page 13.

Théoph. Siegfr. Bayeri, Musœum sinicum. Pétersbourg, 1730, in-8°., deux volumes. C'est une grammaire chinoise, avec un dictionnaire de deux mille deux cents mots seulement. L'auteur a lui-même déclaré que cet ouvrage, qui ne concerne que l'écriture chinoise, étoit imparfait.

Stephani Fourmont, Meditationes sinicœ. Paris, 1737, in-folio. Du même; *Linguœ Sinarum mandarinicœ hieroglyphicœ grammatica duplex.* Paris, 1742, in-folio. L'auteur y a inséré, page 346 à 516, le catalogue des manuscrits chinois de la bibliothèque, aujourd'hui impériale, de Paris. Fourmont pensoit comme les jésuites et leurs amis. Il se répand en éloges de la langue et de l'écriture chinoise, l'une et l'autre si défectueuses. Sur le dictionnaire qu'il avoit projetté, voyez de Murr, *loco cit.* page 638.

Christ. Mentzellii Sylloge minutiarum lexici latino sinici caracteristici. Nuremberg, 1685, in-4°. Le *Lexicon caracteristicum* de Mentzel, tiré du

Vocabulario de las letras Chinas, par l'espagnol Diaz, explique huit mille caractères, et se trouve manuscrit dans la bibliothèque royale de Berlin.

Dans ces derniers temps, deux savans Européens, le docteur Hager, et Antoine Montucci, italien, maintenant à Londres, se sont occupés du Chinois, et ont annoncé chacun l'entreprise d'un dictionnaire de cette langue. (Le premier a publié à Londres, en deux vol. in-fol. *Elements of the chinese language*).

§. VII. *Dialectes de la langue Chinoise.*

Un pays aussi étendu que la Chine, devoit avoir de nombreux dialectes ; peut-être s'y trouve-t-il quelque langue particulière. Il est à regretter que nous soyons si peu instruits là dessus.

Les missionnaires sont les seuls dont nous puissions attendre des éclaircissemens, mais il tendent toujours à se tenir près du centre de la puissance. Là, ils aprennent la langue de la cour, et s'inquiètent peu des langages populaires appelés *hiang tan* dans le pays.

Il semble que ces langages sont tous monosyllabiques ; ce qui annonce une origine commune.

La Chine consiste en 15 ou 18 grandes provinces, qui se subdivisent en différens districts. Chaque province et presque chaque ville principale (14),

(14) Le savant P. Amiot, dans sa *Lettre de Pekin*, édition de 1773, p. 8, s'exprime ainsi : *Chaque province, chaque ville, et presque village a son patois.* (Note du trad.)

a son propre dialecte. Kœmpfer, dans son voyage du Japon, parlant des trois provinces orientales, de *Kiang-nan*, de *Tse-kiang* et de *Fo-kien*, leur attribue à chacune, sa langue différente. Du Halde reconnoît aussi le dialecte de Fo-kien, dont il y a, dans la bibliothèque de Berlin, une grammaire et un dictionnaire : Bayer a inséré cette grammaire dans son *Musœum sinicum*, t. 1; il dit que c'est le dialecte de la province de *Chin-cheu*; mais ce qu'il appelle Chin-cheu, est le Fo-kien, dont la capitale *Tstchang-tscheu* fait un grand commerce avec le Japon, les îles Philippines, et les îles orientales de l'Asie. Par corruption, les Espagnols nomment *chin-cheos* les habitans de cette ville. De là, est venu le nom du prétendu dialecte de Chin-cheu, qui est monosyllabique et très-analogue à la langue mandarine. Cependant les mots s'y prononcent différemment, et y reçoivent des significations différentes; ainsi l'on y admet les articulations *r, d, b,* inconnues dans le *kouan-hoa* ou la langue mandarine. On y dit *gue*, au lieu de *ti*, pour indiquer le génitif; *goua* et non pas *ngo*, pour le pronom moi; et *gouan* pour le pronom nous; ce dialecte de Fo-kien se subdivise en cinq autres.

Dans les montagnes de la Chine, comme en d'autres lieux de l'Asie, il est encore beaucoup de sauvages ou de demi-sauvages peu connus; mais on sait au moins qu'ils ont, soit une langue, soit un dialecte propre. Nous citerons seulement les Maou-lao, qui s'étendent dans six provinces, les Miao-tse, qu'on trouve en cinq provinces, au milieu de l'Empire, les Lo-los, dans la province d'*Youn-man;* il y en a beaucoup d'autres.

Sur les côtes de l'île *Hainam*, généralement on parle Chinois; mais les sauvages habitans du centre ont une autre langue tout-à-fait inconnue.

§. VIII. *Textes Chinois et leurs versions.*

Sous ce titre, Adelung donne trois versions Chinoises de l'Oraison Dominicale; il indique et discute en critique éclairé les sources d'où il les a tirées; il ajoute des versions littérales en langue allemande.

Vient ensuite un fragment du livre historique *Siao-oul-loum,* qu'on enseigne à tous les enfans destinés au mandarinat, jusqu'à ce qu'ils aient atteint l'âge de quinze ans. C'est une introduction à l'ancienne histoire de la Chine. Nous mettrons en caractères romains le texte Chinois de ce fragment, avec une version latine, littérale, interlinéaire, d'après le *Musœum sinicum* de Bayer, part. 2, p. 259. Rien ne peut mieux que ce morceau d'un livre élémentaire, démontrer combien la langue Chinoise est défectueuse et incommode, combien elle met d'obstacles aux études et aux progrès des sciences. Enfin, l'on y verra que ce qu'on nous présente comme l'ancienne histoire de la Chine, est une pauvre cosmogonie, et une chronique bien défigurée, ou mal inventée.

Siao oul loun
Parvi filii institutio.

Lie ta ti vain ssoum ki.
Succedentium magnorum imperatorum regum universalis memoria.

Tay kou houm lieou, ni toun
Magna antiquitas, aqua adveniens, fluens, pacifica, composita,

tschi, fouen kham khi, kou ssiven tschi y.
subsedit, divisit superiora sæcula, eo produxit formam-rerum.

Tien hoam khi hioum ti
Cœli augusta familia fratres (fuere) *majores minores* (que)

khe san chin ko ye van, pa ssien soui.
tredecim homines; singuli (vixere) *myriadem unam, octies* (que) *mille annos.*

Ti hoam khi hioum ti
Terræ augusta familia fratres-majores (fuerunt) *minores* (que)

khe ye chin ko ye van pa ssien soui.
undecim homines, singuli (vixerunt) *myriadem unam octies* (que) *mille annos.*

Chin Hoam khi hioum ti nieou chin , ko sou

Hominum augusta familia fratres-majores minores (que) *novem homines singuli quatuor*

van ou ssien lo pe soui.

myriades quinquies mille sexies centum annos.

Yen quouo khi kiao chin ti mo gvei

Habens fructum familia docuit hominem terram-colere, arbores habere

quouo y kiou tschou.

fructus (que) *ad ædificia* (et) *mansiones.*

Soui chin khi, ssouon mo ssoui

Ignem (tractans) *hominum familia , terebrando lignem concepit*

ho kiao chin pem chou.

ignem , docuit (que) *homines metalla-fundere* (et) *coquere.*

San hoam v ti ki

Trium hoam (et) *quinque* TI *recensio* (*hæc est*).

Tay hao fo hi khi foum sem khe

Tay —— *hao* —— *fo* —— *hi familia, spiritus generavit serpentem*

Khoun chin kheou, hoai
(quoad) *corpus*, *hominem* (que) (quoad) *caput*, *docuit sonos musicos*;

pi kien tschi, tem pa qoua. Ssai
in pi — kien *medicus* (fuit), *instituit* *octo* *sortes.* *Fuit*

hoei ye pe ye khe v nien.
honoratus, (id est, *regnavit*) *unum* *centum* *unum* *decem* *quinque* *annos.*

Niou koua khi fum sem
Niou-koua *familia*, *spiritus* *generavit* (*eam*)

ssiam tschim khe v khi koum
simul *complexam* *decem* *quinque* *familias* *simul*

ye ssien san pe lo khe yn mien.
unum *mille* *ter* *centum* *sexaginta* *superstites* (*fuerunt*) *annos.*

Yen ti tschin noung khi
Yen-ti-tschin *noung* *familia*,

kiam sem chin khin yeou
ex-optimâ-regiâ-domo *natus* *homo* (quoad) *corpus* *bos*

kheou ssai kio feou tschi
(quoad) *caput* *aravit* *sulcos* , *fecit* (per) *colles* *medicus* (fuit)

sso y chou. ssai gvei ye pe sou ke mien.
fecit *medicorum* *librum* ; *fuit* *regnans* *unum* *centum* *quadraginta* *annos* ;

Ti ling quei kin noung ssu ssai gvei
Ti—ling—quei—kin—noung *filius* , *fuit* *regnans*

pa khe nien. . . . .
octoginta *annos*. . . . .

www.ingramcontent.com/pod-product-compliance
Ingram Content Group UK Ltd.
Pitfield, Milton Keynes, MK11 3LW, UK
UKHW022000260726
13994UKWH00004B/1859